RÉFORME ÉLECTORALE

PAR

ANTOINE **FRANCON**, DE CLERMONT-Fᵈ

CANDIDAT A LA CONSTITUANTE

« Un Corps législatif bien composé renferme la vie d'une nation. »
« Un Corps législatif mal composé renferme sa mort. »

Un Corps législatif mal composé a été la cause des malheurs de Louis XVI, de Louis XVIII, de Charles X et de Louis-Philippe.

Un Corps législatif mal composé a été la cause des malheurs des deux Bonaparte et de l'Europe deux fois dans Paris.

Un Corps législatif mal composé a été la cause des malheurs de nos deux Républiques.

CONCLUSION.

Un Corps législatif bien composé dotera la France d'une République glorieuse et florissante. La France sera Nation-Soleil lorsque les peuples de l'Europe seront les amis de la France.

30 centimes

CLERMONT-FERRAND,

TYPOGRAPHIE FERDINAND THIBAUD, LIBRAIRE,

Rue St-Genès, 8-10.

ANTOINE FRANCON

RÉFORME ÉLECTORALE

Sentences philosophiques.

« Les grands législateurs sont les lieutenants de la divinité. »

« Dieu a créé le monde ; les législateurs ont créé les empires. »

« Un grand législateur est un homme extraordinaire. »

« Les nations vivent par leurs grands législateurs. »

« Les nations périssent par leurs faibles législateurs. »

« La législation est la plus difficile des sciences. »

« La puissance législative est l'âme et le cœur d'une nation. »

« La puissance législative est le pivot de la politique. »

« Une puissance législative renferme la vie ou la mort. »

« Bien composée, elle renferme le bonheur d'une nation. »

« Mal composée, elle renferme ses malheurs et sa mort. »

« La France sera Nation-Soleil par ses sages lois. »

« Aux savants des nations la puissance législative. »

Réforme du système électoral.

« Aux savants des nations la puissance législative. »

Un citoyen qui postulera une candidature à la puissance législative, devra être auteur d'une brochure sur la politique ou la législation, et il répondra sur des questions de législation qui lui seront faites publiquement par un jury. Ce jury, suivant sa sagesse, refusera ou accordera un brevet de candidature. Le brevet, une fois obtenu, aura sa valeur dans tous les départements et les colonies de la France, et pendant toute la vie du candidat.

Cette réforme me paraît très-juste, très-praticable et très-utile. Elle bannira du Corps législatif les députés qui n'ont pas la science suffisante.

Erreur grave de Montesquieu.

Montesquieu s'exprime ainsi : « La législation doit être héréditaire chez les nobles. » Je réfute Montesquieu par cette sentence philosophique : « Un grand législateur est un homme rare et extraordinaire. » Nous sommes forcés de conclure qu'un législateur doit être élu, et qu'il doit être élu après un examen.

Vice du système électoral en Angleterre.

La puissance législative est héréditaire en Angleterre chez le souverain et la haute noblesse ; c'est un vice fondamental : la puissance législative ne peut jamais être héréditaire , puisqu'elle est la plus difficile des sciences. Les princes , les ducs, les seigneurs anglais doivent subir un examen pour obtenir une candidature au Corps législatif.

« Aux savants des nations la puissance législative. »

Vice monstrueux de la législation française.

En France , la puissance législative s'exerce collectivement par l'Empereur, le Sénat et le Corps législatif. L'Empereur tient le premier rang, le Sénat le second, le Corps législatif le troisième. Notre puissance législative est faûsse et absurde. Les sénateurs et les députés doivent subir un examen sur la législation pour obtenir des candidatures. La science législative appartient au peuple, le peuple doit choisir les législateurs , et un chef politique ne peut avoir cette prérogative. Nous sommes forcés de conclure que notre puissance législative ne peut pas être plus fausse.

Sentences philosophiques.

« La puissance exécutive appartient aux rois, aux sénats, aux magistrats. »
« La puissance législative appartient au peuple , le peuple doit choisir ses législateurs. »
« La puissance législative séparée de la puissance exécutive est le comble de la perfection politique. »

Ces sentences philosophiques apprennent que les rois ne doivent avoir aucune part à la puissance législative , et que leur mission consiste à exercer la puissance exécutive ; ces sentences apprennent qu'un Corps législatif doit être indépendant et que la suprême autorité politique appartient à un Corps législatif.

Vice du système électoral dans la Belgique.

Dans la Belgique, les candidats à la puissance législative sont choisis parmi les possesseurs d'une haute fortune. Dans l'Union américaine l'on exige une certaine richesse chez les représentants et chez les électeurs. Les Belges et les Américains commettent une grosse faute. Le grand nombre des savants ne se trouve pas chez les riches. La classe bourgeoise renferme un grand nombre de savants ; les possesseurs d'une richesse médiocre font de fortes études pour arriver à une haute fortune. Pour avoir un Corps législatif bien composé, il faut des savants nécessairement.

« Aux savants des nations la puissance législative. »

Les nobles, les prêtres, les bourgeois, les laboureurs, les ouvriers doivent exercer leur droit à la puissance législative, en choisissant les législateurs parmi les savants de la France.

Erreur monstrueuse du congrès de Lausanne.

Le pitoyable congrès de Lausanne a retenti de cette absurdité : « Le peuple doit faire les lois auxquelles il doit obéir. » Je réfute le congrès de Lausanne par cette sentence philosophique :

« Un grand législateur est un homme rare et extraordinaire. »

Confucius est le roi des législateurs ; et je suis très-persuadé que l'Europe, depuis l'ère chrétienne, n'a jamais été dotée d'un législateur du mérite de Confucius. Nous sommes forcés de conclure que le peuple législateur est une absurdité.

Paroles dangereuses du philosophe de Genève.

« La puissance législative appartient au peuple. »

C'est une grande pensée que ce philosophe n'a pas développée. Le peuple en masse est incapable d'être son législateur. Le droit du peuple à la puissance législative consiste à choisir ses législateurs.

Quel âge doit avoir un législateur?

Il faut quarante ans d'études pour faire un philosophe et un grand législateur ; il me semble qu'il faut fixer à quarante ans l'âge des candidats et des électeurs.

Réforme du suffrage universel.

Les sages de nos jours réclament une réforme du suffrage universel. Je propose une élection à deux degrés. Je conserve le suffrage universel véritable, base de la souveraineté nationale.

Une commune qui compte cent familles, élira deux électeurs pour nommer les députés au Corps législatif. Les deux électeurs destinés à nommer les députés seront élus par tous les citoyens âgés de quarante ans, afin de conserver le suffrage universel, véritable base des libertés publiques. Les communes qui comptent mille familles, éliront vingt électeurs pour nommer les députés. Les électeurs au second degré destinés à nommer les députés, subiront un examen ; ils écriront à la dictée, et les plus savants recevront pour toujours le droit de nommer les députés au Corps législatif.

Résumé de ma réforme électorale.

Les citoyens qui postuleront une candidature au Corps législatif, doivent être auteurs d'une brochure sur la législation et subir un examen. Les électeurs au second degré, destinés à nommer les députés, subiront un examen. Tous les citoyens âgés de quarante ans auront le droit d'élire les électeurs destinés à nommer les députés au Corps législatif.

Objections.

Tout le monde approuve ma réforme ; mais l'on me répond qu'on trouvera difficilement un jury assez savant pour juger les demandeurs d'une candidature. La difficulté d'un jury ne doit point nous décourager. Le nombre des législateurs sera multiplié par ma réforme. Le petit nombre des législateurs est un grand fléau pour l'Europe de nos jours. Pour le moment, il nous faut organiser des jurys comme nous pourrons. Le vrai mérite conduisant au Corps législatif, sera pour la législation un puissant encouragement, il remplira la France de législateurs. Prenons courage, mettons-nous à l'œuvre, et avant dix ans un grand succès couronnera nos efforts.

Grand rôle des droits réunis et du socialisme.

Un très-grand nombre de nos députés ont dû leur entrée au Corps législatif à la promesse d'abolir les droits réunis, odieux aux Français.

La promesse de bannir le prolétariat en faisant des richesses une nouvelle répartition, a jeté dans notre Corps législatif un grand nombre de députés. Quelques candidats armés du masque du socialisme ont fait dans Lyon des marches triomphales. Plusieurs milliers d'ouvriers les suivaient en les regardant comme leurs libérateurs. Il est certain que des charlatans adroits l'emportent sur les savants de la France.

Je conclus que ma réforme électorale bannira de notre Corps législatif un grand nombre de députés incapables, qui sont le fléau de la France.

« Aux savants des nations la puissance législative. »

Fautes colossales commises par nos Représentants.

L'Europe deux fois à Paris n'a pas pu apprendre aux Français combien est grand le fléau du despotime.

L'an 1814, les Représentants de la France ont commis la faute colossale d'accepter une charte de Louis XVIII. Lorsque le Parlement anglais appela au trône Guillaume III, il se garda bien de le prendre pour son législateur; le fameux Parlement, au contraire, imposa une charte à Guillaume, et manifesta sa détermination de conserver ses priviléges et surtout sa suprême autorité politique.

Bon gré, malgré, Guillaume accepta le rôle de roi cons-
titutionnel ; et la liberté fut établie dans la Grande-Bre-
tagne.

Entre un roi despote et un roi législateur, il n'y a aucune
différence ; parce que le despotisme est une passion très-im-
périeuse. Nos Représentants commirent une grosse faute en
acceptant une Restauration, parce qu'une Restauration était
visiblement un retour à l'abominable ancien régime.

Conclusion.

Nous sommes forcés de conclure que nos Représentants ont
été des enfants. Nous sommes forcés de conclure qu'une réforme électorale est absolument nécessaire.

A l'avènement de Charles X, nos Représentants ont commis
la faute colossale de prendre ce roi pour leur législateur. Ce
malheureux roi a été détrôné par une sanglante insurrec-
tion.

Après l'expulsion de Charles X, nos Représentants ont
placé sur le trône Louis-Philippe d'Orléans et ils ont pris ce
roi pour législateur. Louis-Philippe n'a pas été à la hauteur
de sa mission, et il a été victime d'une révolution.

Conclusion.

Nous sommes forcés de conclure que nos Représentants sont
des enfants et toujours des enfants.

Nous sommes forcés de conclure que le despotisme est plus
funeste à ceux qui l'exercent qu'à ceux qui le supportent.

Nous sommes forcés de conclure que les partisans du despotisme sont des brigands envers les nations et les souverains.

Grosses fautes commises par nos Représentants.

Après la révolution de 1848, les Français élus par la nation
ont donné à Napoléon III, les pouvoirs nécessaires pour faire
une Constitution ; nos députés ont abandonné à un Corse tous
les droits de la nation ; ils ont fait d'un Corse l'arbitre de leur
liberté. C'est une page aussi honteuse que déplorable de notre
histoire.

Conclusion.

Nous sommes forcés de conclure que nos députés ont été des enfants, et qu'une réforme électorale est absolument nécessaire.

Nous sommes forcés de conclure que les fauteurs du despotisme de Napoléon III, ont été coupables d'un grand brigandage envers l'ex-Empereur et envers la France.

Que devaient faire les Français, l'an 1814, l'an 1830 et l'an 1848 ?

Les libéraux de l'Angleterre sont un modèle pour les libéraux de la France. Les libéraux de l'Angleterre courbèrent la tête devant Cromwel ; mais ils la relevèrent sous Charles Ier, Jacques II, et ils établirent la liberté sous le règne de Guillaume III. Les libéraux de la France ont courbé la tête devant le premier Bonaparte, devant Louis XVIII, devant Charles X, devant Louis-Philippe et devant Napoléon III.

O déplorable histoire !

« Un Corps législatif renferme la vie ou la mort d'une nation. »
« Bien composé, il renferme la vie d'une nation. »
« Mal composé, il renferme sa mort. »

Un patriote Français exhale ainsi sa douleur et son étonnement : « Après tant de tentatives, tant de luttes, tant de sang » versé par torrents, la liberté n'a pu s'établir en France. » La dégradation des Français doit déchirer les cœurs ; mais cette dégradation est logique. Les libéraux ont terrassé les despotes de la France sans terrasser le despotisme.

Les libéraux de l'Angleterre ont lutté contre le despotisme pendant le dix-septième siècle avec une vigueur et une constance admirables, et aujourd'hui les Anglais jouissent de la conquête de la liberté. Les libéraux de l'Angleterre ont terrassé les despotes et le despotisme, et ils sont un modèle pour les libéraux de la France.

Je conclus que la France ne peut être régénérée que par un Corps législatif bien composé.

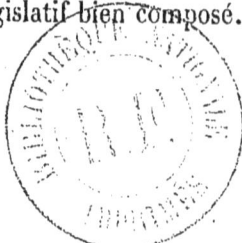

Fautes colossales commises par nos Souverains.

Que devait faire Louis XVIII, l'an 1814, pour tuer la race Bonaparte? Il fallait abolir les droits réunis pour se donner vingt millions de défenseurs. La philosophie a manqué à Louis XVIII.

Que devait faire Charles X pour subjuguer les cœurs des Français? Il fallait abolir les droits réunis. La philosophie a manqué.

Que devait faire Napoléon III, pour être l'idole des Français? Il fallait abolir les droits réunis, la philosophie a manqué.

Que devait faire l'Assemblée de Versailles pour écraser la Commune et les insurgés de Paris? Elle devait se donner vingt millions de défenseurs en abolissant les droits réunis. Malheureusement la philosophie a manqué.

Que doit faire notre jeune République pour subjuguer tous les cœurs, pour se donner vingt millions de défenseurs, pour terrasser les partis qui se divisent la France? Il faut abolir les droits réunis; ce sont les vœux de la nation.

« Tout chef politique guerrier ou pacifique doit remuer les
» masses en sa faveur, s'il veut parvenir à la vraie gloire et à
» une solide grandeur. »

J'exhorte notre jeune République à ne jamais oublier cette sentence philosophique. Notre Louis XII a remué les masses en sa faveur, et il a gouverné les Français facilement et glorieusement. J'exhorte de toutes mes forces notre gouvernement républicain à se déclarer le grand défenseur des cultivateurs.

PROFESSION DE FOI

D'ANTOINE FRANCON

CANDIDAT A LA CONSTITUANTE.

Devoirs d'un législateur.

Un législateur doit rendre les hommes vertueux par la force
des lois, en punissant par un Code pénal sage et sévère, toutes les violations de la loi naturelle.

Un législateur doit enrichir tous les hommes en diminuant
leurs besoins, en réprimant par des lois sages et sévères le libertinage, le jeu, le luxe, la gourmandise et la paresse. Les
partisans de Catilina furent des hommes ruinés par le crime
de l'adultère, par le jeu, par le luxe, par la gourmandise et
la paresse. Les adhérents de la Commune de Paris sont des
hommes ruinés par le crime de l'adultère, par le jeu, par le
luxe, par la gourmandise et la paresse.

Question du despotisme.

Un sage législateur doit préserver une nation du fléau du
despotisme. La France a été cruellement éprouvée. L'Europe
deux fois à Paris; la France ruinée, dégradée, démembrée
par les Prussiens, sont les fruits glorieux des deux Bonaparte
qui ont asservi les Français.

Un législateur doit préserver une nation du fléau de la domination des nobles. L'histoire du monde apprend que l'ilo-
tisme des plébéiens a toujours été le résultat de la domination
des nobles.

Nous avions perdu nos titres et nos droits, les philosophes
de l'Assemblée constituante de 89 les ont retrouvés et nous
les ont rendus. Nous devons notre régénération aux savants
plébéiens de l'Assemblée constituante de 89.

Concluons que nous devons placer uniquement toute notre
confiance chez les plébéiens élus par la nation.

Horrible question de la guerre.

Un sage législateur n'a pas le droit de donner à un roi la prérogative de déclarer la guerre sans consulter un jury. Les guerres injustes, les interventions injustes, les victoires injustes sont placées au nombre des brigandages par la philosophie. Le roi qui déclare la guerre doit consulter un jury ; le roi qui se défend n'a aucun besoin de consulter un jury. Un peuple attaqué a toujours le droit de se défendre. Je cite plusieurs faits historiques pour jeter quelque lumière sur cette importante question.

Lorsque Paul, empereur de Russie, envoya contre la France quatre-vingt mille hommes commandés par Souwarow, il avait besoin de consulter un jury pour savoir s'il avait le droit de tuer des Français. Les Français n'avaient pas besoin de consulter un jury. Le devoir des Français était d'exterminer les Russes. Le peuple qui attaque doit consulter un jury : non le peuple attaqué.

Napoléon III avait besoin de consulter un jury avant d'attaquer les Prussiens ; mais les Prussiens n'avaient pas besoin de consulter un jury. Un peuple attaqué a toujours le droit de se défendre ; tels sont les principes des philosophes.

Définition de la liberté.

Les anciens philosophes de la Grèce et de Rome ont laissé cette définition de la liberté : « L'homme est libre lorsqu'il ne » dépend que des lois, et lorsque les lois sont plus fortes que » les chefs politiques et que les chefs religieux. »

Sentence philosophique.

« Les hommes plus forts que les lois deviennent des monstres. »
« Néron plus fort que les lois devint un monstre. »

Réflexion.

Si Napoléon III mérite d'être placé au nombre des monstres, parce qu'il a fait tuer un million d'hommes avant la guerre de la Prusse sans consulter un jury ; si Napoléon III est coupable d'un attentat envers l'humanité, sa cruauté est logique, parce qu'il a été placé par les Français frivoles au-dessus des lois. Les législateurs qui ont toléré l'exécrable despotisme de Napoléon III, portent sur leur conscience tous les crimes commis par l'ex-empereur.

Je conclus qu'un législateur n'a pas le droit de tolérer le despotisme d'un souverain.

Je conclus qu'un législateur, fauteur du despotisme, est un brigand envers le despote et brigand envers une nation.

Je conclus que le despotisme est plus funeste à ceux qui l'exercent qu'à ceux qui le supportent.

Je conclus qu'un législateur ne peut pas donner la liberté de séduire une fille majeure ; parce que cette séduction est une violation de la loi naturelle.

Question de la religion.

Un législateur n'a pas le droit de se mêler des dogmes religieux ; ce droit appartient aux conciles généraux. — Un législateur doit protéger la religion en réprimant les scandales et en punissant par des lois sages et sévères toutes les violations de la loi naturelle. — Un législateur se rend criminel lorsqu'il déclare un culte religieux de l'État ; parce qu'une religion d'Etat est une source d'injustices et de crimes. — Un législateur doit exclure d'un code les crimes de schisme, d'hérésie et de magie.

Sagesse Américaine.

La République américaine surpasse en sagesse sa métropole ; elle proclame que les dogmes religieux ne regardent pas le gouvernement ; mais tous les gouvernements du monde doivent protéger les religions en réprimant les scandales par des lois sages et sévères.

Je conclus qu'une religion d'Etat est un crime ; parce qu'elle est une source d'injustices et de crimes.

Je conclus qu'un législateur doit protéger la religion en réprimant les scandales, en forçant la corruption à se cacher, en proscrivant les mauvais livres.

Socialisme.

Un législateur, ami d'un sage socialisme, doit exempter de tout impôt le menu-peuple; il doit faire ses efforts pour élever à la dignité de propriétaires, les infortunés prolétaires, en fondant en leur faveur des caisses nationales et en réprimant par de sages lois, le jeu, le luxe, la paresse et la gourmandise. — Un législateur doit être le grand défenseur des cultivateurs souvent opprimés; il doit accorder des secours aux ouvriers ruinés par un grand nombre d'enfants ou par des maladies.

Je conclus qu'un sage législateur doit être persuadé que le paupérisme est le fléau d'une nation.

Sentences philosophiques.

« La puissance législative appartient à la nation. »
« La puissance exécutive appartient aux magistrats. »
« Un grand législateur est un homme rare et extraordinaire. »
« Le pouvoir législatif doit être séparé du pouvoir exécutif. »

Ces sentences nous apprennent qu'il ne faut accorder des brevets de candidature au Corps législatif qu'aux savants de la France qui auront subi un examen sur des questions de législation. Je suis persuadé et très-persuadé que l'Europe de nos jours ne renferme pas sept cent cinquante-trois savants capables d'être de bons législateurs.

Je conclus que la nation française doit se contenter de deux cents législateurs, si toutefois la France n'en renferme pas un plus grand nombre.

Je conclus que des législateurs incapables sont un obstacle aux sages lois et aux bonnes réformes.

J'exhorte les Français à faire entrer dans leur esprit cette fameuse sentence philosophique:

« Un grand législateur est un homme rare et extraordinaire. »

Montesquieu, l'abbé de Mably, le philosophe de Genève sont nos trois professeurs sur la législation. Nous sommes pauvres en législateurs.

Gouvernement républicain.

Sentence de Montesquieu.

« Pour vivre en république il faut des vertus. »

Je suis très-persuadé qu'une puissance législative bien composée est capable de procurer aux Français un beau gouvernement républicain ; j'exhorte de toutes mes forces les Français à réformer notre système électoral.

Sentences philosophiques.

« Un corps législatif est le cœur et l'âme d'une nation. »

« Un corps législatif est le pivot de la politique. »

« Un corps législatif renferme la mort ou la vie d'une nation. »

« Bien composé, il renferme sa vie ; mal composé, il renferme sa mort. »

Ces sentences apprennent qu'un grand législateur est le plus grand des hommes, le plus utile des hommes et le plus glorieux des hommes. Ces sentences apprennent qu'un grand législateur est le vrai lieutenant de la divinité sur la terre. Ces sentences apprennent que les nations doivent la gloire, les richesses, la liberté aux grands législateurs.

J'exhorte les Français à réunir dans un Corps législatif les savants de la France ; j'exhorte les Français à réformer notre loi électorale, qui est absurde. Aujourd'hui les maçons et les terrassiers peuvent se porter candidats au Corps législatif, ce qui est une déplorable absurdité, puisqu'il faut quarante ans d'études pour faire un législateur. Minos, Moïse, Confucius, Lycurgue, Solon donnèrent des lois après quarante ans d'études. Lycurgue, Solon et un grand nombre d'amis des sciences allèrent puiser des lumières dans les écoles de philosophie de l'Europe, de l'Asie et de l'Egypte.

« Aux savants des nations la puissance législative. »

Cette sentence chasse d'un Corps législatif tous les ouvriers et tous les laboureurs : les ouvriers et les laboureurs ne peuvent pas étudier pendant quarante ans.

Question de la civilisation.

Je suis profondément convaincu que les Européens sont barbares, parce qu'ils placent le comble de la gloire dans l'art d'égorger leurs semblables sur un champ de bataille, sans savoir s'ils ont le droit de les égorger, sans consulter un jury.

Le respect des hommes pour la vie de leurs semblables sur un champ de bataille est la base de la civilisation. Tous les peuples de l'Europe sont des barbares, parce qu'ils placent le comble de la gloire dans l'art d'égorger leurs semblables sur un champ de bataille sans savoir s'ils ont le droit de les égorger. Les Européens vont plus loin : lorsqu'ils ont remporté une extravagante victoire, ils érigent à grands frais un monument pour perpétuer le souvenir d'une boucherie humaine ; ces barbares imitent la cruauté du chat qui se joue de sa victime avant de la dévorer ; les portes St-Denis et St-Martin offrent des images odieuses. Louis XIV foule à ses pieds ses ennemis vaincus, tandis qu'un ange place sur sa tête la couronne de la victoire. Si Louis XIV a remporté une victoire injuste, le devoir d'un philosophe est de placer ce roi au nombre des grands brigands de la terre.

J'exhorte la République à changer les noms du pont de Solférino, du pont d'Iéna, du pont d'Austerlitz, et se persuader que la colonne Vendôme était un monument de barbarie.

Science philosophique.

« L'épée séparée de la philosophie ne fait rien de bon. »

J'exhorte la République à fonder la gloire et la grandeur de la France sur la force morale. Le peuple français sera Nation-Soleil, lorsque les peuples de l'Europe seront les amis de la France.

Le peuple français sera le premier peuple du monde, s'il est le plus juste, le plus bienfaisant, le plus civilisé.

Question de la pudicité.

Les philosophes ont placé au nombre des crimes la séduction des femmes mariées, et ils ont placé au nombre des délits la séduction des filles majeures. La séduction des filles majeures qui n'est qu'un délit, ouvre la porte aux grands crimes. Une fille séduite se rend souvent coupable du grand crime d'infanticide pour conserver son honneur. Dans certains pays, la séduction d'une fille ne se pardonne pas; les séducteurs sont tués par le père ou les frères de la fille séduite. Nous sommes forcés de conclure que la séduction des filles majeures est un désordre qu'un législateur ne doit pas tolérer.

Nous sommes forcés de conclure que les législateurs de l'Europe, se font une immense illusion en tolérant la séduction des filles majeures qui est un désordre.

J'exhorte les législateurs de la France à se persuader que la pudicité fut une des causes de la grandeur des Romains en conservant leur force herculéenne.

J'exhorte les législateurs de la France à se persuader que le crétinisme produit par l'impudicité peut faire la décadence d'une nation.

Quelles sont les causes de nos désastres.

Sentence philosophique.

« Un Corps législatif mal composé renferme la mort d'une nation. »

Notre Corps législatif mal composé est la grande cause de nos désastres, des cinq milliards, de la dégradation et du démembrement de la France. La majorité de notre Corps législatif a voté la guerre abominable de la Prusse pour gagner les bonnes grâces de Napoléon III, et pour attraper des préfectures. Si notre Corps législatif s'était trouvé bien composé, il aurait condamné cette guerre et aurait préservé la France de tous les fléaux qui la désolent. Que ces sentences philosophiques ne sortent jamais de l'esprit des Français :

« Un Corps législatif mal composé renferme la mort d'une nation. »
« Un Corps législatif bien composé renferme la vie d'une nation. »

Ces sentences nous apprennent qu'il faut donner à notre système électoral une réforme radicale.

Quelle est la grande cause de notre horrible guerre civile.

Une accumulation de pauvres à Paris est la grande cause de l'horrible guerre civile de notre capitale. Les pauvres doivent être divisés en deux classes. Les pauvres qui naissent de parents indigents ne sont pas très-dangereux; mais les pauvres, ruinés par le libertinage, par le luxe, par le jeu, par la paresse, par la gourmandise, sont capables de tous les crimes. Les partisans de Catilina furent des hommes ruinés par les femmes, le luxe, les jeux, la paresse et la gourmandise. Les adhérents de la Commune de Paris sont des hommes ruinés par le crime de l'adultère, par le jeu, par le luxe, par la fainéantise et l'intempérance.

Remède contre les guerres civiles de Paris.

Il faut porter une loi pour autoriser toutes les villes capitales de la France à refuser l'hospitalité. Cette mesure est nécessaire pour préserver Paris et la France des plus grands malheurs.

Rome et Carthage, autrefois se débarrassèrent de leurs pauvres en fondant des colonies. A Athènes, Pisistrate se servit des pauvres pour usurper la suprême autorité ; aujourd'hui le grand nombre des pauvres inquiète l'Europe excepté la Russie.

Question philosophique.

La Russie est exempte du fléau du paupérisme, parce que les Kzars se sont déclarés les grands défenseurs des cultivateurs. L'oppression des cultivateurs est une des causes de l'encombrement et du paupérisme des villes en Europe ; mais il est certain que le libertinage, que le luxe, que le jeu, que la gourmandise, que la paresse sont aussi de grandes causes du paupérisme des villes.

Je conclus que l'oppression des laborieux cultivateurs est un crime et une faute colossale.

Je conclus que le libertinage, que le luxe, que le jeu, que la gourmandise, que la paresse doivent être réprimés par des lois sages et sévères.

Je conclus qu'un Corps législatif bien composé enrichira et sauvera la France. Ce sont les vœux de mon cœur.

Antoine FRANCON,

Grand défenseur de l'empire des lois,
Grand adversaire de l'empire des hommes.

Clermont, typ. Ferd. Thibaud.

TABLE DES CHAPITRES

TABLE DES CHAPITRES